그림 조광현 | **글** 명정구, 민족의학연구원 편집부 | **책임 편집** 김종현 | **편집** 박민애 | **디자인** 이안디자인
제작 심준엽 | **영업 홍보** 안명선, 양병희, 이옥한, 정영지, 조병범, 조서연, 최민용
경영 지원 임혜정, 전범준, 한선희 | **분해와 출력, 인쇄** (주)로얄프로세스 | **제본** 과성제책

1판 1쇄 펴낸 날 2011년 1월 15일 | 1판 5쇄 펴낸 날 2018년 11월 16일
펴낸이 유문숙 | **펴낸 곳** (주)도서출판 보리 | **출판등록** 1991년 8월 6일 제9-279호
주소 경기도 파주시 직지길 492 우편번호 10881 | **전화** 031-955-3535 | **전송** 031-950-9501
누리집 www.boribook.com | **전자우편** bori@boribook.com

ⓒ 보리, 2011
이 책의 내용을 쓰고자 할 때는 저작권자와 출판사의 허락을 받아야 합니다. 잘못된 책은 바꾸어 드립니다.
값 13,800원 | ISBN 978-89-8428-653-5 74490   978-89-8428-652-8 (세트)
이 도서와 국립중앙도서관 출판시도서목록(CIP)은 서지정보유통지원시스템 홈페이지(http://seoji.nl.go.kr)와
국가자료공동목록시스템(http://www.nl.go.kr/kolisnet)에서 이용하실 수 있습니다. (CIP제어번호: CIP2010004804)

제품명 : 도서 제조자명 : (주)도서출판 보리 주소 : (10881) 경기도 파주시 직지길 492 전화번호 : (031) 955-3535
제조년월 : 2018년 11월 제조국 : 대한민국 사용연령 : 8세 이상 주의사항 : 책의 모서리가 날카로우니 다치지 않게 주의하세요.
KC 마크는 이 제품이 공통안전기준에 적합하였음을 의미합니다.

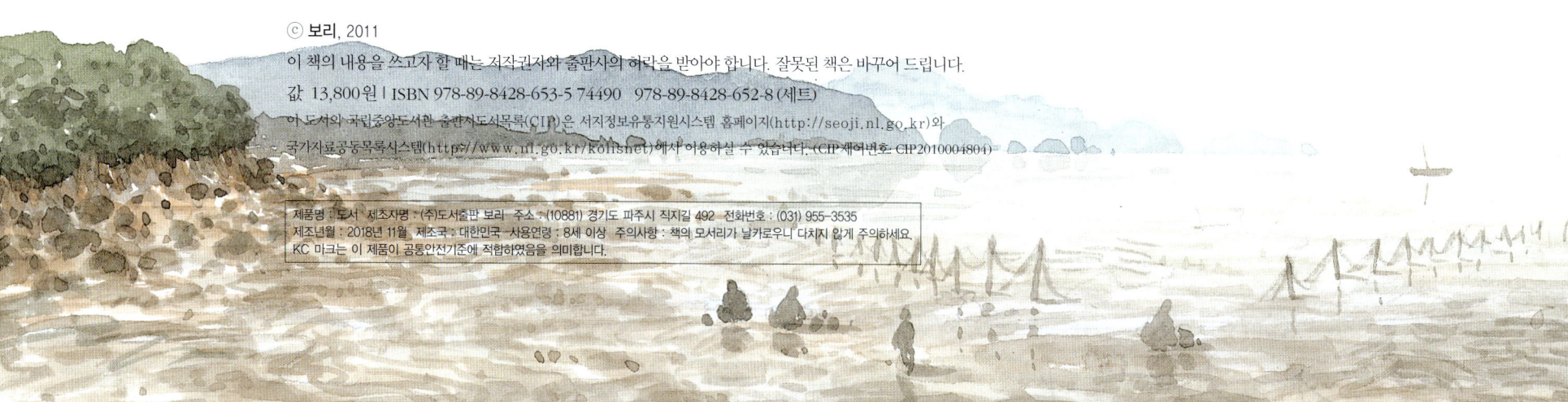

세밀화로 그린 우리 바닷물고기 1

살랑살랑
서해 바다 물고기

그림 조광현 | 글 명정구

보리

일러두기

1. 이 책에는 우리나라 서해에 사는 바닷물고기 가운데 흔히 볼 수 있는 35종이 실려 있어요.

2. 물고기는 가나다 이름 순서로 실었습니다.

3. 다른 이름에서 (북)이라고 쓴 글은 북녘에서 쓰는 이름이에요. 따로 없으면 남녘과 북녘이 같은 이름을 쓴답니다.

4. 사는 곳은 물고기가 많이 사는 곳부터 적어 놓았어요.

5. 몸길이는 다 큰 어미 길이입니다. 나이에 따라 더 크거나 작기도 해요. 몸길이는 입에서 꼬리 끝까지 재요.

6. 띄어쓰기는 《표준국어대사전》을 따랐습니다.

차례

서해 물고기 6
그림으로 찾아보기 8

갯장어 12
까치상어 14
넙치 16
동갈돗돔 18
말뚝망둥어 20
문절망둑 22
민어 24
백상아리 26
뱅어 28
병어 30
숭어 32
양태 34

웅어 36
전어 38
조피볼락 40
준치 42
쥐노래미 44
짱뚱어 46
참조기 48
참홍어 50
황복 52

가나다 찾아보기 54
참고한 책 55
소개글 56

서해 물고기

서해는 해가 지는 쪽에 있는 바다야. 우리나라 서쪽에 있다고 서해지. 물 색깔이 누렇다고 황해라고도 해. 바다라고 하지만 한쪽만 트여 있어. 나머지는 땅이 바다를 둘러싸고 있지. 우리나라와 중국 땅 사이가 움푹 들어가 생긴 바다야. 아주 옛날에는 땅이었는데 바닷물이 차오르면서 바다로 바뀐 거래. 그래서 물이 안 깊어. 평균 물 깊이가 40m쯤 되고 가장 깊은 곳이 100m가 조금 넘는대. 바다치고는 얕은 바다야. 우리나라 바다 가운데 가장 얕지. 태평양 쪽에서 따뜻한 바닷물이 들어왔다가 서해를 휘돌아서 나가. 그래서 따뜻한 물에 사는 물고기들이 따라 올라왔다가 겨울이 되서 물이 차가워지면 다시 따뜻한 남쪽 바다로 내려가지. 물론 쥐노래미처럼 눌러사는 물고기도 있고 홍어처럼 겨울에 알을 낳으러 오는 물고기도 있어. 참조기, 황복, 흰베도라치, 황해볼락 같은 물고기는 서해안에서만 볼 수 있어.

서해로 흘러들어 오는 따뜻한 바닷물

철마다 바다를 오르내리는 물고기

병어

참조기

준치

민어

우리나라 한강, 금강, 영산강, 압록강과 중국에 있는 황허강, 양쯔강 같은 큰 강들이 서해로 흘러들어. 서해로 흘러드는 강물이 엄청나게 많아서 동해나 남해보다 짠맛이 가장 덜하대. 민물과 짠물이 뒤섞이는 강어귀에는 먹을거리도 많거든. 그래서 물고기들이 강어귀에 많이 모여들고 강을 거슬러 올라와 알을 낳는 물고기도 있어.

서해는 밀물과 썰물이 하루에 두 번씩 오르락내리락해. 바닥이 갑자기 안 깊어지고 완만해서 밀물 때는 바닷물이 쑥 들어왔다가도 썰물 때는 가물가물 안 보일 만큼 저만치 물러나지. 또 서해 바닷가는 삐뚤빼뚤하고 움푹움푹 들어간 곳이 많아. 그곳에는 갯벌이 아주 넓게 펼쳐지지. 갯벌은 색깔이 거무튀튀하고 질척질척해서 썩은 땅 같지만 사실은 아주 기름진 땅이야. 갯벌에는 물고기뿐만 아니라 게와 조개와 낙지와 갯지렁이 같은 온갖 생명들이 우글우글하지.

강을 오르내리는 물고기

뱅어

가숭어

웅어

황복

갯벌에 사는 물고기

말뚝망둥어

짱뚱어

그림으로 찾아보기

갯장어 개장어(북), 참장어, 이빨장어

안녕, 나는 갯장어야.
몸이 길다고 장어지.
온몸이 미끌미끌해.

갯장어   붕장어

갯장어는 주둥이가 뾰족하고 날카로운 이빨이 나 있어. 붕장어는 주둥이가 더 뭉뚝하고 이빨이 덜 날카롭지.

몸길이는 60~80cm쯤 돼. 2m까지 자라기도 해. 등은 거무스름하고 배는 하얘. 몸통은 둥그렇고 비늘이 없이 매끈해. 몸통 옆으로 옆줄이 뚜렷해. 등지느러미와 가슴지느러미가 길어서 꼬리지느러미와 잇닿아 있어. 배지느러미는 없어.

갯장어는 뱀처럼 몸이 길어. 비늘이 없어서 몸이 미끌미끌하지. 낮에는 펄 바닥에 숨어 쉬다가 밤이 되면 나와서 먹이를 잡아먹어. 쉬고 있는 물고기나 새우나 조개 따위를 잡아먹지. 갯장어를 잡으면 조심해야 해. 물 밖에 나와서도 꿈틀꿈틀대며 오랫동안 살고 사람도 잘 물어. 성질이 아주 사나워서 한번 물면 절대 놓지 않아. 갯장어는 주둥이가 뾰족하고 날카로운 이빨이 위아래 턱에 줄줄이 나 있거든. 앞쪽에는 송곳니가 삐쭉 솟았지. 사람 손을 깨물면 손가락에 구멍이 날 정도야. 그래서 '이빨장어'라고도 해. 여름에 많이 잡아서 구이나 회나 탕을 끓여 먹어.

붕장어는 갯장어와 많이 닮았어. 모래와 펄이 깔린 바닥에 살아. 낮에는 모래 속에 몸을 숨기고 있다가 밤에 나와 먹이를 잡아먹지. 모래 바닥에 몸을 반쯤 파묻고 머리를 처들고 있다가 지나가는 물고기나 새우나 게 따위를 닥치는 대로 잡아먹어. 사람들은 붕장어를 그물이나 통발이나 낚시로 잡아서 회나 구이나 탕을 끓여 먹지. 붕장어는 고소하고 꼬들꼬들 씹히는 맛이 좋아서 '아나고'라는 이름으로 잘 알려졌어. '아나고'는 일본에서 붕장어를 부르는 이름이야.

분류 갯장어과
학명 *Murenesox cinereus*
사는 곳 서해, 남해
먹이 작은 물고기, 새우, 게 따위
몸길이 60~80cm
특징 몸이 뱀처럼 길다.

알에서 깨어난 새끼는 속이 훤히 들여다보여. 생김새가 꼭 버드나무 잎을 닮았어.

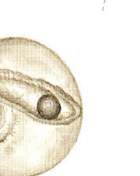
갯장어는 봄에서 여름까지 먼바다로 나가서 깊은 바닷속에서 알을 낳아. 한 마리가 18만~120만 개쯤 알을 낳는대.

크면서 몸이 실처럼 가늘게 바뀌어. 몸길이도 줄어들지.

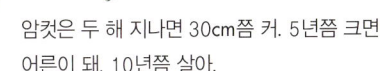
암컷은 두 해 지나면 30cm쯤 커. 5년쯤 크면 어른이 돼. 10년쯤 살아.

붕장어

붕장어는 갯장어와 많이 닮았어. 하지만 잘 보면 생김새가 서로 달라. 갯장어는 옆줄에 흰 점이 없지만 붕장어는 옆줄 따라 흰 점이 쪼르르 나 있어. 몸길이는 갯장어보다 짧아.

까치상어 죽상어

안녕, 나는 까치상어야.
몸에 까만 줄무늬가 나 있어.
상어지만 성질이 순해서
사람한테는 안 달려들어.

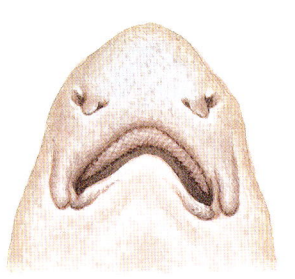
까치상어는 배가 납작해. 입과 코는 아래쪽에 붙어 있지.

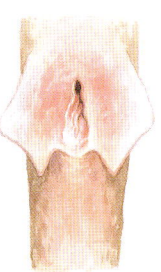
암컷

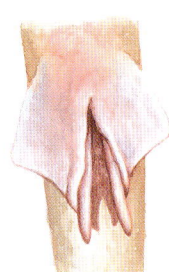
수컷

몸길이가 1m 안팎이야. 몸 색깔은 잿빛이고 검은 띠무늬가 세로로 열 줄쯤 나 있어. 몸에는 작고 검은 점들이 흐드러지. 몸은 길쭉하고 홀쭉해. 머리는 아래위로, 꼬리는 양옆으로 납작하지. 아가미구멍이 가슴지느러미 바로 앞쪽에 다섯 줄 나 있어. 등지느러미 두 개는 세모꼴로 뾰족 솟았어. 꼬리지느러미는 위아래 모양이 달라.

까치상어는 상어 무리 가운데 덩치가 작은 축에 끼는 상어야. 까만 줄무늬가 대나무 마디처럼 나 있다고 '죽상어'라고도 해. 성질이 순해서 사람에게 안 달려들어. 혼자 돌아다니기를 좋아하고 가끔 무리를 지어 쉬기도 한대. 바닷가 가까이 오기도 해. 깜깜한 밤에 돌아다니면서 작은 물고기나 새우나 게 따위를 잡아먹어. 까치상어는 알을 안 낳고 짝짓기를 해서 새끼를 낳아. 봄이 되면 새끼를 20~40 마리쯤 낳지. 까치상어는 성질이 순하고 사는 곳을 바꿔도 잘 지내서 수족관에서 많이 길러.

분류 까치상어과
학명 *Triakis scyllium*
사는 곳 서해, 남해
먹이 작은 물고기, 새우, 게 따위
몸길이 1m 안팎
특징 새끼를 낳는다.

톱상어

주둥이가 톱처럼 생겼다고 톱상어야. 기다란 주둥이에 가시가 뾰족뾰족 나 있어서 마치 톱처럼 생겼어. 바다 밑바닥에 살면서 긴 주둥이로 바닥을 헤집어 먹이를 잡아먹어. 까치상어처럼 새끼를 낳아.

두톱상어

몸길이가 50cm쯤 되는 작은 상어야. 몸이 누렇고 얼룩덜룩한 짙은 무늬가 나 있어. 그래서 '범상어'라고도 해. 바다 밑바닥에 살면서 작은 물고기나 새우, 게 따위를 먹고 살아.

두톱상어는 새끼를 안 낳고 알을 낳아. 알은 딱딱한 알주머니에 들어 있어. 알주머니는 네모나게 생겼어.

넙치 광어

안녕, 나는 넙치야.
몸이 넓적하다고 넙치지.
사람들은 흔히 '광어'라고 해.
옛날 사람들은 눈이 한쪽에 몰려 있다고
외눈박이 물고기라고 했어.

넙치 눈
넙치를 앞에서 보면 눈 두 개가 왼쪽으로 쏠려 있어. 오른쪽으로 쏠리면 가자미지. 모래 속에 숨어서 눈만 내놓고 있어. 몸 색깔을 둘레 색깔과 똑같이 바꿔서 감쪽같이 숨을 수 있지.

몸길이가 1.5m 넘게 커. 몸은 긴 타원형이야. 눈 달린 쪽은 누런 밤색이고 하얀 점이 흩어져 있어. 눈 없는 쪽은 하얗지. 등지느러미와 뒷지느러미는 길고, 꼬리지느러미는 끝이 둥그스름해.

넙치 눈은 태어날 때부터 한쪽으로 쏠려 있지는 않아. 막 깨어난 새끼는 다른 물고기랑 똑같아. 눈이 몸 양쪽에 붙어 있고, 물속을 둥둥 떠다니면서 자라지. 그런데 크면서 눈이 점점 한쪽으로 쏠려. 알에서 깨어난 지 한 달쯤 지나면 두 눈이 한쪽으로 모두 쏠리지. 다 큰 넙치는 물 바닥 흙 속에 숨어서 살아. 눈이 쏠려 있는 쪽은 바닥에 깔린 진흙이나 모래 색깔과 똑같아. 어쩌다 다른 곳으로 헤엄쳐 가면 그쪽 색깔에 맞게 몸빛을 바꾸지. 바닥에 숨어 있다가 지나가는 작은 물고기나 새우나 게나 오징어를 잡아먹어. 흙 속에 숨어 있는 조개나 갯지렁이도 먹지. 헤엄을 칠 때면 납작한 몸이 부드럽게 너울너울 움직여.

넙치는 옛날부터 엄마가 아기를 낳고 몸조리를 할 때 미역국에 함께 넣어 끓여 먹었어. 그러면 엄마 젖도 잘 나오고 몸도 거뜬해진대. 지금은 횟집에서 많이 볼 수 있어. 맛이 좋아서 사람들이 많이 길러. 겨울철에 가장 맛이 좋대.

분류 넙치과
학명 *Paralichthys olivaceus*
사는 곳 서해, 남해, 동해
먹이 작은 물고기, 새우, 게, 오징어 따위
몸길이 1.5m
특징 눈이 왼쪽으로 쏠려 있다.

8mm쯤 크면 눈이 한쪽으로 쏠리기 시작해.

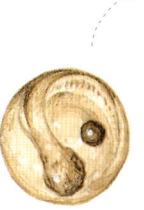
봄에 바닷가 가까이에 알을 낳는데 한 마리가 40만~50만 개쯤 낳아.

몸이 15mm쯤 크면 왼쪽으로 눈이 몰려. 눈이 한쪽으로 쏠리는 데 삼 주쯤 걸려.

눈이 없는 쪽 몸은 새하얘. 하지만 사람이 기른 넙치는 얼룩덜룩한 점무늬가 있기도 해.

눈이 한쪽으로 쏠리면 물 밑바닥으로 내려가 살아. 몸 색깔도 어미와 똑같아.

동갈돗돔 짧은수염도미(북)

안녕, 나는 동갈돗돔이야.
등이 높게 숫고 입술은 두툼하지.
얕은 바닷가에 살고
민물이 들어오는
강어귀에도 살아.

동갈돗돔 입술은 두툼해. 꼭 사람 입술 같아.

다 크면 몸길이가 40cm쯤 돼. 50cm까지 자라기도 해. 눈이 툭 불거졌고 머리 뒤로 등이 우뚝 솟았어. 몸은 밤색인데 넓고 까만 띠무늬 두 개가 비스듬하게 꼬리 쪽으로 나 있어. 몸은 단단한 비늘로 덮여 있어. 꼬리지느러미 끝이 둥글어.

동갈돗돔은 얕은 바닷가에서부터 물 깊이가 90m쯤 되고 모래가 깔린 펄 바닥에서 살아. 민물과 짠물이 뒤섞이는 강어귀에서도 자주 볼 수 있어. 낮에는 끼리끼리 모여 있다가 밤이 되면 저마다 흩어지지. 어릴 때는 물속 바위틈에 옹기종기 잘 모여 있어. 게나 새우 따위를 많이 먹고 작은 물고기도 잡아먹어. 두툼한 입술이 골난 사람처럼 툭 불거졌다고 '투덜이'라고도 한대.

동갈돗돔은 수가 많지 않아서 그리 많이 잡히지 않아. 운 좋게 낚시로 잡으면 오랜만에 찾아왔다고 '손님고기'라고 한다지. 다른 물고기는 알을 낳은 뒤에는 맛이 없는데, 동갈돗돔은 오히려 맛이 더 좋대. 그래서 알을 낳는 봄과 여름에 낚시질을 많이 해. 물에서 나오면 '꿀, 꿀' 거리며 돼지 소리로 운대.

분류 하스돔과
학명 *Hapalogenys nitens*
사는 곳 서해, 남해
먹이 게, 새우, 작은 물고기
몸길이 40cm
특징 입술이 두툼하다.

어름돔
동갈돗돔과 닮았는데 몸이 더 커서 60cm쯤 돼. 동갈돗돔처럼 몸에 검은 줄무늬가 있지만 등지느러미와 꼬리지느러미에 동글동글한 검은 점이 나 있어. 우리나라 바닷가뿐만 아니라 열대 바다에도 살아.

말뚝망둥어 말뚝고기, 나는망동어, 나는문절이

안녕, 나는 말뚝망둥어야.
말뚝에 잘 올라간다고 말뚝망둥어지.
물속보다 물 밖에 나와 돌아다니길 좋아해.

말뚝망둥어는 배지느러미가 서로 붙어서 빨판으로 바뀌었어. 바위나 말뚝에 착 달라붙지.

다 크면 몸길이가 10cm쯤 돼. 몸 색깔은 검은 밤색이야. 눈이 머리 위쪽에 툭 튀어나왔고 서로 바짝 붙어 있어. 주둥이는 짧고 둔하게 생겼어. 입은 아래쪽에 붙어 있지. 등지느러미는 두 개고 배지느러미는 빨판으로 바뀌었어. 꼬리지느러미 끝은 둥글어.

말뚝망둥어는 갯벌에 구멍을 파고 사는 물고기야. 물고기지만 헤엄치기를 싫어하고 오히려 물속보다 물 밖에서 더 잘 지내. 물 밖에서도 거뜬히 숨을 쉬며 살 수 있지. 물속에서는 아가미로 숨을 쉬고, 물 밖에서는 아가미 속에 있는 주머니에 공기를 잔뜩 집어넣거나 살갗으로 숨을 쉬거든. 너른 갯벌에서 가슴지느러미를 두 팔처럼 써서 어기적어기적 기어 다녀. 눈이 머리 위로 툭 불거져서 사방을 훤히 잘 보지. 깜짝 놀라거나 도망갈 때면 온몸을 용수철처럼 통통 튕기면서 뛰어 달아나. 물수제비뜨듯이 물낯을 튕기며 달아나기도 하지. 갯벌을 이리저리 돌아다니며 갯지렁이나 작은 새우 따위를 잡아먹어. 갯벌 진흙을 갉작갉작 긁어서 훑어 먹기도 해. 갯벌로 밀물이 슬금슬금 밀려오면 갯벌에 박혀 있는 말뚝이나 바위에 잘 올라가. 배지느러미가 합쳐서 빨판이 되었거든. 그 빨판으로 배를 딱 붙이고 있지. 말뚝에 잘 올라간다고 '말뚝망둥어' 라는 이름을 얻은 거야. 생김새도 말뚝을 닮았어.

말뚝망둥어는 여름이 되면 굴속에 알을 낳아. 암컷이 알을 낳으면 수컷이 곁을 지킨대. 서리가 내리면 굴속에 들어가 겨울잠을 자. 이듬해 벚꽃이 필 때쯤에야 기지개를 켜고 나오지. 예전에는 잡아다 국을 끓여 먹었다는데 요즘에는 잘 안 먹어.

분류 망둑어과
학명 *Periophthalmus modestus*
사는 곳 서해, 남해 갯벌
먹이 갯지렁이, 작은 새우, 펄 속에 사는 작은 동물
몸길이 10cm 안팎
특징 말뚝에 잘 올라간다.

말뚝망둥어는 물 밖에서도 숨을 쉬면서 기어 다녀. 펄 흙을 온몸에 뒤집어쓰고 다니지.

문절망둑 망둥어(북), 문저리, 꼬시래기, 대두어

안녕, 나는 문절망둑이야.
머리가 크다고 '대두어' 라고도 해.
배에 빨판이 있어 바닥에 딱 붙지.
밤이 되면 옹기종기 모여서 자.

몸길이는 20cm쯤 돼. 몸은 잿빛 밤색이야. 몸통에는 밤색 점무늬가 이리저리 나 있지. 머리는 위아래로 조금 납작하고 몸은 옆으로 납작해. 눈은 머리 위쪽에 있어. 배지느러미가 서로 붙어서 둥그런 빨판으로 바뀌었어. 몸은 풀망둑보다 짤막하고 뚱뚱해. 꼬리지느러미에 반점이 있고 끝이 둥글어.

문절망둑은 민물이 섞이는 강어귀나 바닷가 얕은 모래펄 바닥에 살아. 때로는 강을 따라 올라오기도 해. 물이 조금 더러워도 잘 살아. 배에 빨판이 있어서 물속 바위나 바닥에 딱 붙어 있기를 좋아해. 얕은 물가에 살아서 파도에 휩쓸리지 않으려다 배지느러미가 빨판으로 바뀐 거래. 먹성이 게걸스러워서 새우나 게나 물고기나 바닥에 있는 유기물을 가리지 않고 먹어. '꼬시래기 제 살 뜯기'라는 말이 있을 정도야. 꼬시래기는 문절망둑을 달리 부르는 이름이지. 낮에는 먹이를 찾아 먹고 밤이 되면 옹기종이 모여 앉아 얌전하게 쿨쿨 자. 얼마나 정신없이 자는지 사람이 손으로 움켜쥐어도 세상모르고 잔대.

문절망둑은 봄이 되면 집을 짓고 알을 낳아. 수컷이 Y자 모양으로 진흙을 파서 집을 만들면 암컷이 들어와 알을 낳지. 알이 깨어날 때까지 수컷이 곁을 지켜. 새끼가 깨어나면 아빠 물고기는 죽는대. 한두 해 살고 서너 해까지 살기도 해.

문절망둑은 가을에 낚시로 잡아. 겨울을 나려고 아무거나 닥치는 대로 먹어서, 미끼를 꿰어 낚시를 던져 놓으면 넙죽넙죽 잘도 물어. '봄 보리멸 가을 망둑'이라는 말이 있듯이 가을 망둑은 맛이 아주 좋대. 회를 뜨거나 구워 먹지.

분류 망둑어과
학명 *Acanthogobius flavimanus*
사는 곳 서해, 남해, 동해
먹이 새우, 게, 작은 물고기, 유기물
몸길이 20cm 안팎
특징 배에 빨판이 있다.

문절망둑은 알 낳을 때가 되면 펄 속에 Y자 모양으로 집을 지어. 바깥으로 통하는 구멍이 네댓 개쯤 돼.

풀망둑

풀망둑은 문절망둑과 아주 닮았어. 몸 빛깔은 연한 잿빛 밤색에 풀빛이 돌아. 문절망둑보다 훨씬 크게 자라지만 꼬리가 더 날씬하지. 몸길이가 50cm 넘게도 자라. 문절망둑처럼 배지느러미가 빨판이야.

민어 민애, 보굴치, 암치, 어스래기

안녕, 나는 민어야.
온 백성이 즐겨 찾는 물고기라고
이름이 민어지.
물속에서 '욱, 욱' 하고 울어.

몸길이는 80~100cm쯤 돼. 몸빛은 검은 잿빛이나 검은 밤색이야. 몸은 약간 납작한 원통꼴이고 옆으로 넓적해. 주둥이는 짧고 끝이 둥실하지. 입을 빼고 온몸이 비늘로 덮여 있어. 옆줄은 뚜렷해. 등지느러미는 길고 꼬리지느러미는 둥근 쐐기꼴이야.

민어는 조기를 닮았지만 크기가 훨씬 커. 어른 양팔을 쫙 벌린 길이만큼 크기도 해. 조기가 그러는 것처럼 민어도 물속에서 '-욱, -욱' 하고 개구리 울음소리를 내. 부레를 욱신욱신 움직여서 내는 소리래. 겨울이면 제주도 남쪽 바다에서 지내다가 봄이 되면 서해로 올라와. 낮에는 물속 깊이 있다가 밤이 되면 물낯 가까이 올라오기도 해. 밤낮을 오르락내리락거리면서 작은 새우나 게나 멸치 같은 작은 물고기 따위를 잡아먹어. 여름부터 가을까지 알을 낳는데, 갓 깨어난 새끼는 민물과 짠물이 만나는 강어귀에 올라오기도 하지. 물고기 가운데 오래 살아서 13년쯤 산대.

'민어는 비늘밖에는 버릴 것이 없다' 라는 말이 있어. 여름철에 잡은 민어가 가장 맛이 좋대. 옛날부터 제사상에 오르고, 여름 더위를 이기려고 탕을 끓여 먹어. '복더위에 민어탕이 일품' 이라는 말이 있어. 회로도 먹고 구워도 먹고 찜을 찌거나 전을 부치거나 만두를 빚어 먹기도 해. 또 민어 부레는 끓여서 아주 질 좋은 풀을 만들어. 옛날에는 장롱이나 문갑을 민어 부레로 만든 풀로 붙였다고 해. 수백 년이 지나도 안 떨어진대.

분류 민어과
학명 *Miichthys miiuy*
사는 곳 서해, 남해, 제주
먹이 새우, 게, 오징어, 멸치 따위
몸길이 1m
특징 '욱, 욱' 하고 운다.

민태
민어와 닮았지만 크기가 훨씬 작아. 조기를 더 닮았지. 다 크면 20cm쯤 돼. 얕은 바다에 살면서 작은 물고기 따위를 잡아먹어.

백상아리 흰뺨상어(북), 백상어

안녕, 나는 백상아리야.
바다에서 가장 사나운 물고기지.
모두들 그냥 상어라고 해.

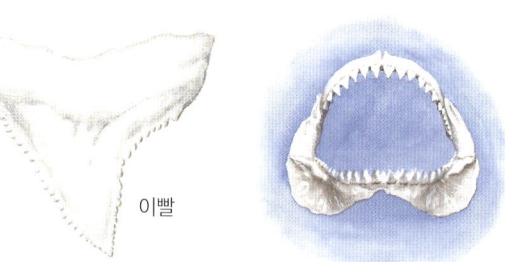

상어 이빨
상어는 뾰족한 이빨이 잔뜩 나 있어. 이빨 하나하나는 세모나고 가장자리에 톱니가 나 있지. 먹이를 잡다가 이빨이 빠져도 새 이빨이 계속 다시 나.

다 크면 길이가 6m쯤 되고 무게는 3톤이 넘어. 몸빛은 푸르스름한 잿빛이고 배는 하얘. 코끝이 뾰족하고 입은 밑에 있어. 아가미는 세로로 5~7개가 쭉 찢어졌어. 몸은 원통형이고 꼬리 쪽으로 가면서 가늘어져. 등지느러미는 세모꼴로 우뚝 솟았고 꼬리는 초승달 모양이야. 배지느러미가 날개처럼 옆으로 나 있어.

백상아리는 우리가 흔히 '상어' 하면 떠오르는 물고기야. 물낯 가까이 사는데 물속 1,300m 깊은 바닷속까지 들어가기도 해. 물낯 가까이에서 헤엄치면 뾰족한 등지느러미가 물 밖으로 우뚝 솟지. 백상아리는 물고기지만 부레가 없어서 가만히 있으면 물속으로 가라앉아. 그래서 가만히 못 있고 끊임없이 돌아다니지. 이리저리 돌아다니면서 먹이를 찾아. 냄새도 잘 맡아서 수 킬로미터 떨어진 곳에서 나는 피 냄새도 맡을 수 있어.

백상아리는 상어 가운데 가장 사나워. 피 냄새를 맡으면 더 사나워져. 먹잇감이 눈치 못 채게 몰래 다가가서는 눈 깜짝할 사이에 덤벼. 큰 입을 쩍 벌려서 먹이를 잡지. 이빨이 날카롭고 턱 힘도 세서 먹잇감을 한번에 댕강 자를 수 있어. 작은 물고기부터 돌고래나 바다표범이나 바다사자같이 덩치 큰 동물도 잡아먹어. 사람을 바다표범이나 바다사자인 줄 알고 덤벼들기도 해. 우리나라에는 서해, 남해, 동해 어느 바다에서도 볼 수 있는데, 봄에 서해에 자주 나타난대. 15년 넘게 살아.

분류 악상어과
학명 *Carcharodon carcharias*
사는 곳 서해, 남해, 동해
먹이 물고기, 바다표범, 바다사자
몸길이 5~6m
특징 사람한테도 덤빈다.

새끼 낳기
백상아리는 알을 안 낳고 새끼를 낳아. 엄마 배 속에서는 알이었다가 부화해서 새끼가 나오는 난태생이야. 한 번에 세 마리에서 열 마리 넘게 낳기도 해.

청상아리
백상아리처럼 성질이 사나워서 사람한테도 덤비는 상어야. 상어 부리 가운데 헤엄을 가장 빠르게 잘 친대. 백상아리보다 먼바다에 살아서 우리나라에는 봄과 여름에 가끔 나타나. 참치나 농어나 청어 같은 물고기와 오징어를 잡아먹어. 4m쯤까지 큰대.

귀상어
귀상어는 생김새가 아주 재밌어. 머리가 망치처럼 양쪽 옆으로 길쭉해. 눈은 머리 양 끝에 붙었지. 바닷속 중간이나 바닥을 헤엄쳐 다니면서 물고기나 오징어, 게 따위를 잡아먹어. 다 크면 몸길이가 4m쯤 돼. 백상아리나 청상아리만큼 사나워. 먼바다에 살아서 거의 못 봐.

뱅어 실치, 백어

안녕, 나는 뱅어야.
크기는 어른 손가락만 해.
몸이 가늘고 길어서 '실치'라고도 해.

수컷

암컷

몸길이는 10cm 안팎이야. 몸은 투명하고 눈은 까매. 머리는 위아래로 납작하고 몸통은 뒤로 가면서 옆으로 납작해. 배에 검은 점이 두 줄로 나란히 나 있어. 몸에 비늘이 없어. 암컷과 수컷 생김새가 조금 달라. 수컷이 암컷보다 작고 수컷은 배에 비늘이 한 줄 붙어 있어.

뱅어는 몸속이 훤히 들여다보여. 생김새가 하얀 국수 면발처럼 가늘고, 죽으면 몸 색깔이 새하얗게 바뀐다고 '백어' 라는 한자 이름도 있어. 생김새 때문에 재미난 이야기도 전해 내려와. 중국 오나라 왕이 배를 타고 양쯔강을 건너는데, 먹다 남은 물고기 회를 강물에 집어 던졌더니 회 조각이 꿈틀꿈틀 살아나서는 뱅어가 되었다고 해.

뱅어는 바다와 강을 오르내리면서 사는 바닷물고기야. 민물과 짠물이 뒤섞이는 강어귀에서 살다가, 삼사월이 되면 알을 낳으러 무리를 지어 강을 거슬러 올라와. 암컷과 수컷이 따로 무리를 지어 올라온대. 물 깊이가 2~3m쯤 되는 곳에서 물풀에 알을 붙여 낳지. 알을 낳은 어미는 시름시름 힘이 빠져 죽어. 알에서 깨어난 새끼는 알 낳은 곳 가까이에서 지내다가 여름이 되면 강어귀 바닷가로 내려가 뿔뿔이 흩어져 살아. 작은 새우나 동물성 플랑크톤을 먹고 어른이 되지. 이듬해 봄이면 다 커서 다시 강을 거슬러 올라와.

뱅어는 강을 거슬러 올 때 그물로 잡아. 옛날부터 맛이 담백해서 회로 먹거나 김처럼 네모나게 말려서 뱅어포를 만들어 먹어. 젓갈을 담그기도 하지. 회로 먹으면 알싸한 오이 향이 나. 그런데 우리가 반찬으로 흔히 먹는 뱅어포는 사실 뱅어로 만든 포가 아니라 베도라치 새끼로 만든 거래.

분류 뱅어과
학명 *Salangichthys microdon*
사는 곳 서해, 남해
먹이 플랑크톤, 작은 새우
몸길이 10cm 안팎
특징 몸속이 훤히 비친다.

뱅어는 떼를 지어 강을 거슬러 올라와.
몸이 투명해서 속이 훤히 비쳐.

병어 벵어, 병단이

안녕, 나는 병어야.
몸이 네모꼴로 생겼어.
온몸이 은빛으로 반짝반짝 빛나.
시장에 가면 흔히 볼 수 있지.

몸길이는 20~30cm쯤 돼. 60cm까지 커. 온몸은 미끈하고 푸르스름한 은빛이 돌아서 반짝반짝해. 몸은 네모나고 옆으로 납작해. 머리는 작고 주둥이는 짧고 입술이 없어. 비늘은 작은 둥근 비늘이고 잘 떨어져. 옆줄이 뚜렷해. 등지느러미와 뒷지느러미는 낫처럼 생겼어. 배지느러미는 없어. 꼬리지느러미는 깊게 파였어.

병어는 따뜻한 바다에서 살아. 겨울이면 제주도 남쪽 바다로 내려갔다가 봄이 오면 우리나라 서해와 남해로 몰려와. 바닷속 50~150m 깊이쯤에서 무리 지어 살아. 작은 새우, 플랑크톤, 갯지렁이, 해파리 따위를 잡아먹지. 늦봄부터 여름까지 얕은 바닷가나 강어귀로 몰려와서 알을 낳아.

병어는 흔하게 잡히는 물고기야. 낚시로 안 잡고 그물로 잡아. 어시장에 가면 흔히 볼 수 있지. 회로도 먹고 구이나 찜이나 조림으로 먹어. 맛이 좋아서 우리나라 사람들이 수백 년 전부터 병어를 잡았다는 기록이 있어.

병어와 꼭 닮은 '덕대'라는 물고기가 있어. 시장에서는 병어랑 덕대를 다 '병어'라고 하면서 팔아. 생김새나 맛이 똑같대. 머리 뒤에 난 물결무늬가 옆줄 밑에서도 뒤쪽까지 뻗어 있으면 '병어'고 그렇지 않으면 '덕대'래.

분류 병어과
학명 *Pampus argenteus*
사는 곳 서해, 남해, 제주
먹이 작은 새우, 플랑크톤, 갯지렁이, 해파리 따위
몸길이 20~30cm
특징 몸이 네모꼴로 생겼다.

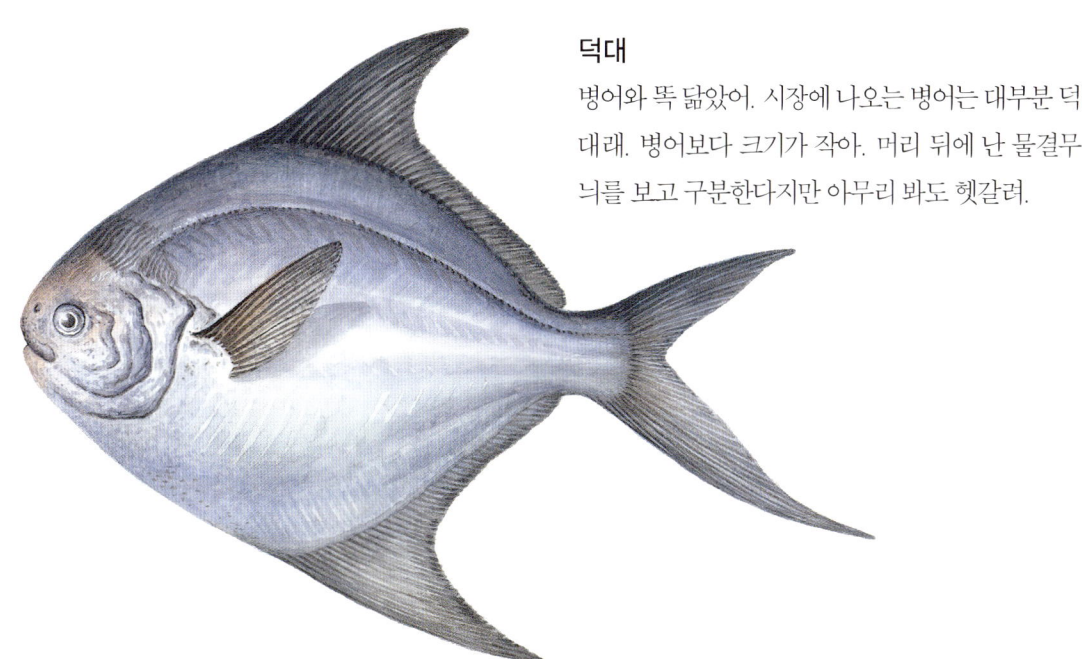

덕대
병어와 똑 닮았어. 시장에 나오는 병어는 대부분 덕대래. 병어보다 크기가 작아. 머리 뒤에 난 물결무늬를 보고 구분한다지만 아무리 봐도 헷갈려.

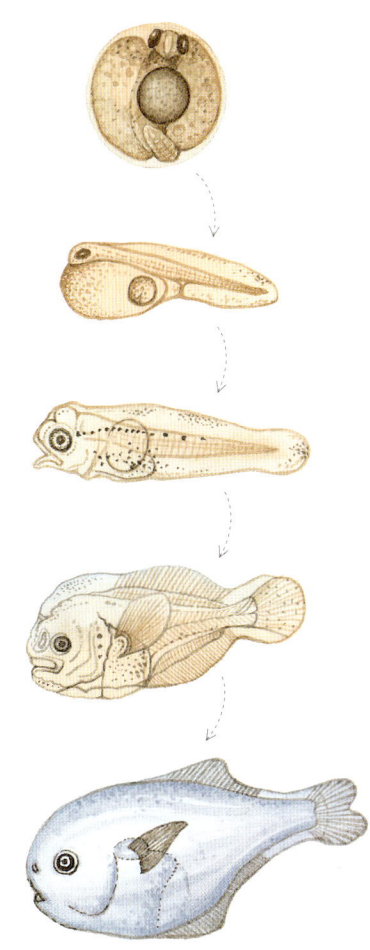

병어가 커 가는 모습이야. 병어는 바닷가에서 알을 낳아. 알에서 깨어난 새끼는 3cm쯤 크면 먼바다로 나가.

숭어 은숭어(북), 모치, 개숭어

안녕, 나는 숭어야.
펄쩍펄쩍 물 위로 잘 뛰어오르지.
강과 바다를 왔다 갔다 하며 살아.

숭어는 바닥에 깔린 펄을 헤집고 먹이를 잡아먹어. 숭어 몸에서도 흙내가 나.

몸길이는 80cm쯤 돼. 몸은 둥글고 머리는 위아래로 납작해. 등은 푸르스름하고 옆구리와 배는 하얘. 두꺼운 비늘이 가지런히 나 있어. 비늘에는 까만 점이 몸통을 따라 죽 나 있어. 눈에는 기름꺼풀이 덮여 있어.

숭어는 강과 바다를 오르락내리락하면서 사는 물고기야. 추운 겨울에는 깊은 바다로 내려갔다가 봄이 되면 떼를 지어서 강어귀로 몰려와. 강바닥 펄을 삼켜서 그 속에서 숨은 새우나 갯지렁이나 바닷말 따위를 먹어. '숭어가 뛰면 망둑어가 뛴다' 는 속담이 있어. 그만큼 숭어는 텀벙텀벙 물 위로 잘 뛰어오르는 물고기야. 화살처럼 쏜살같이 뛰어올라 몸을 옆으로 누이며 떨어지지.

숭어라는 이름은 뛰어난 물고기라는 뜻이야. 생김새와 맛이 뛰어나다고 붙은 이름이지. 옛날부터 제사상에 오르고 임금님 밥상에도 올랐대. '겨울 숭어 앉았다 나간 자리 개흙만 훔쳐 먹어도 달다', '여름 숭어는 개도 안 먹는다' 는 속담이 있듯이 겨울이나 봄에 잡은 숭어가 아주 맛이 좋대. 숭어는 눈과 귀가 밝아. 사람 그림자만 비쳐도 재빨리 내뺀다지. 그래서 밤에 숭어를 잡을 때는 불빛을 죽이고, 그물을 내릴 때도 말 한마디 안 한대. 그런데 봄이 되면 숭어 눈에 기름기가 잔뜩 껴서 흐리멍덩해. 장님이 된 숭어는 얕은 곳으로 떼를 지어 몰려들어. 이때는 그물을 던져서 쉽게 잡아. 대나무 작대기로 두들겨서도 잡지. 서해 바닷가에서는 밀물 때 그물을 세워 놓았다가 썰물에 빠져나가는 숭어를 잡는대.

분류 숭어과
학명 *Mugil cephalus*
사는 곳 서해, 남해, 동해
먹이 새우, 갯지렁이, 바닷말 따위
몸길이 80cm
특징 물 위로 잘 뛰어오른다.

숭어는 물 위로 펄쩍펄쩍 잘 뛰어올라. 화살처럼 솟아오르지.

가숭어
숭어보다 맛이 좋다고 '참숭어' 라고 해. 숭어보다 몸집과 몸 비늘이 더 커. 몸길이가 1미터 넘는 것들이 흔해. 가숭어는 숭어보다 입술 둘레가 붉고 위턱이 아래턱보다 길어. 숭어는 눈에 기름꺼풀이 있지만 가숭어는 없어. 서해에 많이 살아.

양태 장대(북), 낭태

안녕, 나는 양태야.
내 머리는 위아래로 납작하게 눌렸어.
아가미에는 뾰족한 가시가 있지.
찔리면 무지무지 아파.

몸길이는 30~40cm쯤 돼. 50cm 넘게 크기도 해. 몸빛은 사는 곳에 따라 바꾸는데 거무스름한 밤색에 꺼먼 점이 띠를 이뤄. 머리가 크고 납작해. 가슴지느러미는 커. 몸은 아래위로 납작하고 길쭉한데 뒤로 가면서 점차 가늘어져.

양태는 바닥에 붙어사는 물고기야. 바닥에 모래와 진흙이 깔린 얕은 바다에 살지. 머리가 납작하고 배도 납작해서 물 바닥에 납작 엎드려 있어. 한곳에 꼼짝 않고 머물러 있길 좋아하고 잘 안 돌아다녀. 몸빛이 누르스름해서 바닥에 숨으면 감쪽같거든. 작은 물고기나 새우나 오징어나 게 따위가 멋도 모르고 가까이 다가오면 와락 달려들어 한입에 삼켜. 겨울이 되면 깊은 바다로 들어가. 바닥에 몸을 파묻고서 겨울잠을 자. 봄에 깨면 다시 얕은 바다로 올라와서는 겨우내 굶주린 배를 채우느라 정신없이 먹어 대. 오뉴월이면 짝짓기를 하고 모랫바닥에 알을 낳아. 양태는 어릴 때는 수컷이었다가 다 크면 암컷으로 몸을 바꿔. 크기가 20cm보다 작으면 거의 수컷이야. 더 크면서 하나둘 암컷으로 바뀌다가 몸 크기가 50cm가 넘으면 죄다 암컷이래.

'양태 대가리는 개도 안 물어 간다' 는 말이 있어. 머리가 납작해서 먹을 만한 살점 하나 안 붙어 있다는 우스갯소리야. 예전에는 먹으면 눈병이 난다는 헛소문도 있었대. 하지만 지금은 '구시월 양태' 라는 말이 나올 정도로 맛있게 먹는 물고기야. 찌개를 끓이거나 찜을 쪄 먹고 구이나 회로도 먹지.

분류 양태과
학명 *Platycephalus indicus*
사는 곳 서해, 남해
먹이 작은 물고기, 새우, 오징어, 게 따위
몸길이 30~40cm
특징 머리가 위아래로 납작하다.

낮에는 눈만 내놓은 채 모래 속에 숨어 있어. 몸빛이 모래 색깔이랑 똑같아. 먹이가 가까이 오면 재빨리 덮쳐서 한입에 삼켜. 눈동자 위에는 얇은 막이 덮여서 눈이 찌그러져 보여.

양태 옆모습이야. 머리가 아주 납작해.

웅어 위어, 웅에, 우어, 차나리

안녕, 나는 웅어야.
몸이 칼처럼 길쭉해.
강을 거슬러 올라와
갈대밭에 알을 낳지.

배 아래쪽에는 날카로운 비늘이 톱니처럼 나 있어.

몸길이는 25cm쯤 돼. 등은 푸르스름한 누런 밤색이고 배는 하얘. 몸이 옆으로 납작하고 꼬리가 가늘고 길어. 입은 커서 아가미뚜껑 뒤쪽까지 벌릴 수 있어. 가슴지느러미 위쪽 여섯 줄기가 실처럼 길게 뻗지. 뒷지느러미는 길어서 꼬리지느러미와 이어져.

웅어는 바다에서 살다가 강을 거슬러 올라와 알을 낳는 바닷물고기야. 서해에만 살아. 바닷가나 큰 강어귀에서 무리 지어 살지. 낮에는 물가를 헤엄치다가 밤에는 깊은 곳으로 들어가. 어릴 때는 동물성 플랑크톤을 먹고 자라다가 어른이 되면 작은 물고기를 잡아먹어. 사오월 보리 누름 때부터 강을 거슬러 올라와. 유월쯤 되면 갈대가 덤부렁듬쑥 자란 강가에 알을 낳지. 옛날 사람들은 갈대밭에 사는 물고기라고 '갈대고기'라고 했대. 알을 낳으면 어미 물고기는 죽고 말아. 새끼 물고기는 바다로 내려가서 살다가 이듬해 다 커서 다시 강으로 올라오지.

웅어는 강으로 거슬러 올라오는 보리누름 때 잡아. 성질이 급해서 그물에 걸리면 금세 죽고 쉽게 썩기 때문에 잡자마자 얼음에 쟁여. 회로 먹으면 살이 연하고 고소하지만, 익혀 먹으면 아무 맛도 없대. 조선 시대에는 한강으로 거슬러 오는 웅어를 잡아다가 임금에게 바칠 만큼 귀한 물고기 대접을 받았어. 하지만 지금은 물이 더러워지고 알 낳을 강가 갈대밭이 파헤쳐져서 웅어 보기가 어려워.

분류 멸치과
학명 *Coilia nasus*
사는 곳 서해
먹이 작은 물고기
몸길이 25cm 안팎
특징 생김새가 칼처럼 생겼다.

웅어가 커 가는 모습이야. 알에서 깨어난 새끼 물고기는 여름부터 가을까지 바다로 내려가. 바다에서 겨울을 지내며 어른이 되지. 이듬해 다 큰 웅어는 다시 강으로 올라와.

전어 전애

안녕, 나는 전어야.
'봄 숭어, 가을 전어' 라는 말이 있지.
가을에 살이 통통하게 쪄.

몸길이는 25cm쯤 돼. 몸은 타원형이고 옆으로 납작해. 등은 푸른빛을 띠고 배는 은빛이야. 몸통 비늘에 까만 점이 줄줄이 나 있어. 아가미 뒤에는 까만 점이 커다랗게 하나 있지. 등지느러미 맨 끝에 줄기 하나가 실처럼 길게 늘어졌어.

전어는 따뜻한 바다에서 사는 물고기야. 물 깊이가 30m 안쪽인 얕은 바다에 많이 살아. 물 낯 가까이나 가운데쯤에서 무리 지어 사는데, 바다가 잔잔할 때는 '쩍쩍' 하는 소리를 내면서 등지느러미를 물 밖에 내놓고 헤엄쳐 다녀. 몸이 화살촉처럼 뽀족해서 재빠르게 헤엄치지. 봄부터 여름 들머리에 바닷가로 가까이 와서 알을 낳아. 알은 물 위에 둥둥 떠다녀. 늦은 가을이 되어 물이 차가워지면 깊은 곳으로 모여들어 겨울을 나. 성질이 급해서 낚시나 그물로 잡아 올리면 금방 죽어 버려.

'가을 전어 머리에는 깨가 서 말이다' 라는 말이 있어. 알을 낳는 봄에서 여름까지는 맛이 없지만 가을이 되면 몸이 통통해지고 기름기가 끼면서 맛이 아주 좋아. 회로도 먹고 구워도 먹고 젓갈도 담가. '전어 굽는 냄새에 집 나가던 며느리가 돌아온다' 는 우스갯소리가 있을 정도로 맛이 좋대. 맛이 좋아서 사람들이 돈을 안 아끼고 샀다고 전어라는 이름이 붙었다고 해.

분류 청어과
학명 *Konosirus punctatus*
사는 곳 서해, 남해
먹이 플랑크톤, 개흙 속에 사는 작은 동물
몸길이 25cm 안팎
특징 몸이 뾰족하고 옆으로 납작하다.

전어는 물 바닥 개흙을 뒤지며 먹이를 찾아. 먼 바다에서 잡은 전어보다 개흙을 뒤져 먹고 자란 전어가 더 맛있대.

조피볼락 우레기(북), 우럭, 개우럭

안녕, 나는 조피볼락이야.
'조피볼락' 하면 모르는 사람이 많지만
'우럭' 하면 모두 잘 알지.
사람들이 바다에서 많이 길러.

몸길이는 20~30cm쯤 돼. 70cm 넘게 크기도 해. 온몸이 거뭇하고 까만 점무늬가 자글자글 나 있어. 몸통에 두툼한 검은 줄무늬 두세 개가 세로로 희미하게 나 있지. 배는 연한 잿빛이야. 눈이 댕그랗게 크고 입술은 두툼해. 눈 아래쪽에는 짧은 가시가 세 개 있고, 눈 뒤쪽으로 검은 줄무늬가 두세 줄 비스듬히 나 있어. 꼬리지느러미 끄트머리는 자른 듯하고 위아래가 허얘.

조피볼락은 바위가 울퉁불퉁 많은 바닷가에서 살아. 해가 뜨면 떼로 모이는데 아침, 저녁에 가장 힘차게 몰려다니지. 하지만 자기 사는 곳을 멀리 안 떠나. 작은 물고기나 새우나 게나 오징어 따위를 잡아먹어. 밤에는 저마다 흩어져서 먹이를 찾거나 바위틈에서 가만히 쉬어. 물이 차가워지는 겨울에 짝짓기를 하고 이듬해 봄에 새끼를 수십만 마리 낳아. 조피볼락은 알을 안 낳고 새끼를 낳는 난태생이야. 갓 깨어난 새끼는 물 위에 떠다니는 바다풀과 함께 둥둥 떠다녀. 삼 년이 지나면 다 크지. 다 크면 어른 팔뚝만 해. 우리나라 모든 바다에서 살지만 서해에 많아. 물이 차가워지는 가을이면 깊은 곳으로 더 들어가거나 따뜻한 남쪽으로 내려갔다가 봄이 되면 위로 올라와.

　조피볼락은 맛이 좋아서 사람들이 즐겨 먹어. 회로도 먹고 매운탕을 끓여 먹기도 하지. 사람들이 좋아하니까 바다에 그물로 가두리를 쳐 놓고 많이 길러. 바닷가 바위에서 낚시로도 많이 잡지. 등지느러미 끝이 바늘처럼 뾰족해서 손이 찔리면 눈물이 찔끔 날 만큼 아파. 조심해야 돼.

분류 양볼락과
학명 *Sebastes schlegeli*
사는 곳 서해, 남해, 동해
먹이 작은 물고기, 새우, 게, 오징어 따위
몸길이 20~30cm
특징 사람들이 많이 기른다.

오뉴월이 되면 조피볼락 암놈이 새끼를 낳아. 엄마 배 속에서 수십만 마리 새끼가 후드득후드득 빠져나오지.

준치 시어, 진어

안녕, 나는 준치야.
'썩어도 준치'라는 말을 들을 정도로
알아주는 물고기야.
몸에는 가시가 많지.

먹이를 먹을 때는 주둥이를 앞으로 쭉 내밀어.
꼭 깔때기처럼 튀어나와.

몸길이는 40~50cm쯤 돼. 몸은 길고 옆으로 넓적해. 등 쪽은 어두운 파란색이고 배는 허옇지. 지느러미는 누레. 머리는 작고 주둥이는 짧아. 아래턱이 위턱보다 길어. 눈이 크고 기름꺼풀이 덮여 있어. 비늘은 크고 둥글고 잘 떨어져. 옆줄은 없어. 배 아래쪽에 비늘이 톱니처럼 날카롭게 나 있어.

준치는 따뜻한 서해와 남해에서 사는 물고기야. 바닥에 모래나 펄이 깔린 얕은 바다 가운데쯤에서 무리 지어 헤엄쳐 다녀. 새우나 작은 물고기를 잡아먹지. 겨울에는 제주도 남쪽 먼바다로 내려갔다가 봄이 되면 서해로 올라와. 오뉴월에 모래나 펄이 깔린 강어귀에서 알을 낳지. 우리나라 금강 어귀나 중국 황허강, 양쯔강 어귀에서 많이 낳는대. 옛날에는 초여름이 지나면 감쪽같이 사라졌다가 다음 해 봄에 때맞춰 나타난다고 '시어'라고 했다지. 봄에 올라오는 고기 떼를 물고기 잡는 배들이 쫓아 올라가면서 잡았다고 해.

'썩어도 준치'라는 말이 있어. 썩어도 맛이 있다는 말이지. 물고기 가운데 가장 맛있다고 '참 다운 물고기'라는 뜻으로 '진어'라고도 했어. 오뉴월 찔레꽃머리 때 잡은 준치가 가장 맛있대. 하지만 몸에 가시가 많아서 조심해서 발라 먹어야 해. 회나 소금구이로 먹고 옛날에는 단오 때 국을 끓여 먹었대.

분류 청어과
학명 *Ilisha elongata*
사는 곳 서해, 남해
먹이 새우, 작은 물고기 따위
몸길이 40~50cm
특징 몸에 가시가 많다.

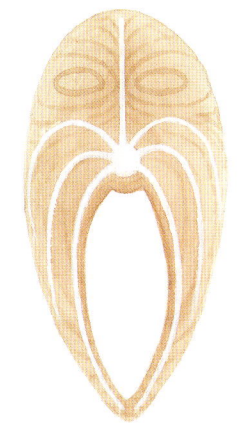

준치는 가시가 많은 물고기야. 배를 감싸는 뼈가 둥글게 휘어 있어.

강준치
강에 사는 물고기인데 준치와 꼭 닮아서 이름이 '강준치'야. 서해로 흘러드는 큰 강에서 살아. 새끼 때에는 바닷가에서 무리를 지어 살지.

쥐노래미 석반어(북), 놀래미, 게르치, 돌삼치

안녕, 나는 쥐노래미야.
주둥이가 쥐처럼 뾰족하고
온몸이 노랗다고 쥐노래미지.
눈 위에 귀처럼 생긴 돌기가 솟았어.

쥐노래미 눈 위에는 하얀 눈썹처럼 생긴 돌기가 나 있어. 하얀 돌기는 보들보들하고 물속에서 하늘하늘 흔들려.

몸길이는 20~50cm쯤 돼. 머리가 뾰족하고 몸은 약간 길쭉해. 누런 밤색 몸빛에 짙은 밤색 점무늬가 이리저리 나 있어. 몸빛은 사는 곳에 따라 달라져. 몸통에는 옆줄이 다섯 줄 나 있어. 꼬리지느러미 끄트머리가 자른 듯 반듯해.

쥐노래미는 바닥에 모래와 자갈이 깔리고 갯바위가 많은 바닷가에서 살아. 부레가 없어서 헤엄쳐 다니기보다 바닥이나 바위에 배를 대고 가만히 있기를 좋아해. 눈 위에 작은 돌기가 귀처럼 쫑긋 솟았어. 마치 소리를 들으려고 귀를 쫑긋 세운 것처럼 보여. 옛날 사람들은 이 돌기를 귀라고 여겼어. 그래서 쥐노래미를 '귀 달린 물고기'라고 했대.

쥐노래미는 추운 겨울에 알을 낳아. 알 낳을 때가 되면 수컷 몸이 더 노래지지. 알은 서로 몽글몽글 딱 붙어서 둥그렇게 덩어리져. 알 덩어리는 모자반 같은 바다나물 줄기나 자갈이나 바위에 붙지. 수컷은 알이 깨어날 때까지 곁을 지켜. 알에서 깨어난 새끼는 물낯 가까이를 헤엄쳐 다니면서 플랑크톤을 먹다가, 자라면서 바다 밑바닥으로 내려가. 바닷가 갯바위 물웅덩이를 가만히 들여다보면, 등지느러미에 검은 점이 자글자글 난 새끼들이 물 밑바닥을 부지런히 돌아다니는 모습을 종종 볼 수 있어. 바닥에 사는 작은 새우나 게나 지렁이나 물고기를 잡아먹고 바다나물도 뜯어 먹지. 사람들은 낚시로 많이 잡아. 봄부터 초여름까지 맛이 있대. 회로 먹고 말려서 구워 먹기도 해.

분류 쥐노래미과
학명 *Hexagrammos otakii*
사는 곳 서해, 남해, 동해
먹이 작은 새우나 게, 지렁이, 물고기, 바다나물 따위
몸길이 50cm 안팎
특징 눈 위에 돌기가 귀처럼 쫑긋 솟았다.

알은 몽글몽글 덩어리져서 바다나물 줄기나 바위에 딱 붙어.

알이 깨어날 때까지 수컷이 곁을 지켜.
이때는 수컷 몸이 더 노래져.

짱둥어 짱뚱어, 잠퉁이, 잠퉁어

안녕, 나는 짱둥어야.
물 밖에 나와 갯벌 바닥을 이리저리 기어 다니지.
겨울잠을 오래 잔다고
'잠퉁이' 라고도 해.

다 크면 20cm 안팎이야. 몸은 짙은 잿빛이고 파란 점이 숭숭 나 있어. 등지느러미와 꼬리지느러미에도 파란 점이 나 있지. 눈은 작고 머리 위로 툭 튀어나왔어. 몸은 가늘고 긴 원통 꼴이야. 배에는 빨판이 있어.

짱둥어는 질척질척한 갯벌에 구멍을 파고 살아. 개펄에 나와 가슴지느러미를 팔처럼 써서 늘쩡늘쩡 기어 다녀. 말뚝망둥어처럼 물 밖에서도 숨을 쉴 수 있거든. 아가미에 공기주머니가 있어서 물 밖에서도 숨을 쉴 수 있는 거야. 공기주머니에 숨을 크게 들이쉬면 뺨이 공처럼 불룩해져. 살갗으로도 숨을 쉬지. 늘쩡늘쩡 기어 다니다가도 폴짝폴짝 잘도 뛰어오르지. '짱둥이가 뛰니까 게도 뛰려다 등짝 깨진다' 는 우스갯소리도 있어. 짝짓기 철에는 수컷이 연달아 높이 뛰어오르고 등지느러미를 쫙 펼쳐 암컷을 부르지. 암컷을 앞에 두고 수컷끼리 싸우기도 해. 구멍 속에 알을 낳으면 수컷이 곁을 지켜.

짱둥어는 낮에는 구멍을 들락날락하면서 갯벌 흙을 갉작갉작 긁어서 물풀이나 작은 동물을 먹어. 해 지기 한두 시간 전부터 구멍 속에 들어가 숨지. 겨울이 되면 펄 속에 들어가 겨울잠을 자. 겨울잠을 오래 잔다고 '잠둥어' 라고 하다가 '짱둥어' 라는 이름이 붙었대. 첫서리가 오면 들어가서 벚꽃이 피면 나온다지.

분류 망둑어과
학명 *Boleophthalmus pectinirostris*
사는 곳 서해, 남해
먹이 뻘 속 영양분이나 미생물
몸길이 15~20cm
특징 물 밖에 나와 돌아다닌다.

짝짓기 철이 되면 수컷끼리 싸움을 해.
등지느러미를 활짝 펴고 펄쩍펄쩍 뛰면서 싸워.

참조기 노랑조기, 누렁조기, 황조기, 곡우살조기

안녕, 나는 참조기야.
그냥 조기라고 해.
나는 물속에서 '구우, 구우'
개구리 소리로 운단다.

조기를 새끼줄로 줄줄이 엮어 꾸덕꾸덕하게 말리면 굴비가 돼.

몸길이는 30cm 안팎이야. 몸은 긴 타원형이고 옆으로 납작해. 등은 잿빛이고 배는 황금빛이야. 입술은 붉어. 옆줄이 뚜렷해. 등지느러미는 길고 꼬리지느러미는 둥근 쐐기꼴이야.

조기는 떼로 몰려다니는 물고기야. 겨울에는 따뜻한 제주도 남쪽 바다로 내려갔다가 날이 따뜻해지면 서해안을 따라 북쪽으로 올라가. 알을 낳으러 오는 거야. 이때 물속에서 '구우, 구우' 개구리 소리를 내며 울어. 조기들이 서로 부르는 소리야. 부레를 옴쭉옴쭉 움직여 소리를 내. 우는 소리가 얼마나 큰지 배 위까지 크게 울려 퍼져서 뱃사람들 잠을 설치게 할 정도래. 바닥에 모래나 펄이 깔린 물 밑바닥에서 지내다가 알 낳는 때에는 물낯 가까이에 떠올라. 물 위로 뛰어오르기도 해. 바다나물을 뜯어 먹거나 새우나 작은 물고기를 잡아먹으며 8년쯤 살아.

조기는 아주 맛 좋은 물고기라 옛날부터 많이 잡았어. 조기라는 이름은 기운이 펄펄 솟게 해 준다는 뜻이야. 맛이 좋아서 제사상에도 빠지지 않고 올라가. 조기를 새끼줄에 둘둘 엮어서 꾸덕꾸덕하게 말리면 굴비라고 해. 전라남도 영광에서 말린 굴비를 으뜸으로 쳐주지.

분류 민어과
학명 Larimichthys polyactis
사는 곳 서해, 남해, 제주
먹이 새우, 게, 작은 물고기, 물풀 따위
몸길이 25~30cm
특징 개구리 소리로 운다.

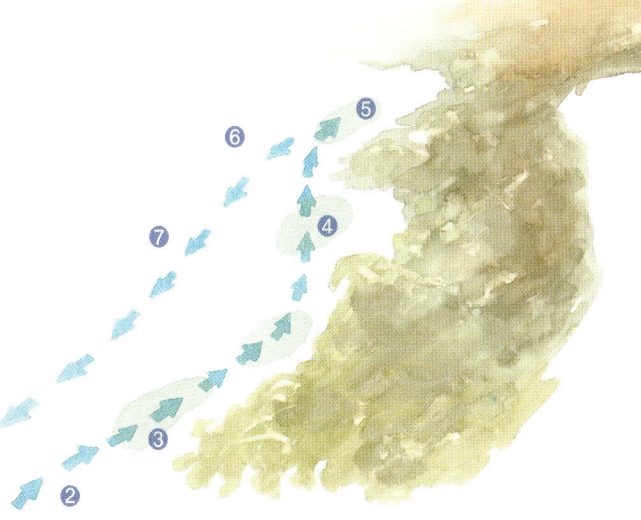

수조기
등은 누르스름하고 까만 점으로 줄무늬가 나 있어. 배는 하얗지. 민어나 조기처럼 부레로 소리를 내.

부세
참조기와 꼭 닮았는데 몸길이가 더 커. 참조기와 달리 머리 꼭대기에 다이아몬드 꼴 무늬가 없어. 민어와 참조기처럼 부레로 소리를 내.

보구치
보구치는 배가 하얗다고 '흰조기'라고 해. '보굴, 보굴' 운다고 보구치라는 이름이 붙었대. 늦봄부터 한여름까지 서해로 몰려와 알을 낳아.

❶ 조기 떼는 제주도 남서쪽에서 겨울을 나.

❷ 2월쯤부터 알을 낳으러 서해안을 따라 서서히 올라와.

❸ 2월 말쯤에는 흑산도 연해, 3월 말에서 4월 중순쯤에는 위도, 칠산 부근에 올라와 알을 낳기 시작해.

❹ 4월 말부터 5월 중순 사이에는 연평도 앞바다까지 올라와.

❺ 6월 초에는 압록강 대화도 가까이까지 올라가.

❻ 6월 말쯤 발해만에 이르러서 알 낳기를 다 마치고 다시 남쪽으로 내려와.

❼ 깨어난 새끼들도 9월쯤에는 서해 가운데로 내려오지.

참홍어 안경홍어(북), 눈가오리

안녕, 나는 참홍어야.
진짜 홍어라는 뜻이지.
물속을 새처럼 날갯짓하듯 헤엄쳐.

코와 입은 아래쪽에 있어. 꼭 웃는 모습이야.

눈은 등 위에 있지.

암컷이 수컷보다 커. 수컷은 꼬리 양옆에 생식기가 두 개 달렸어.

몸길이는 1m도 넘게 커. 몸이 납작하고 마름모꼴이야. 등은 붉은 밤색이고 배는 희거나 잿빛이야. 코는 뾰족해. 눈은 등 위에 있고 입과 코는 배 쪽에 있어. 꼬리가 기다래. 꼬리 위쪽에 작은 등지느러미가 두 개 있고 자잘한 가시가 났어. 수컷은 가시가 한 줄 나고, 암컷은 다섯 줄 나.

참홍어는 물 깊이가 50~100m쯤 되고 바닥에 모래와 펄이 깔린 곳에서 살아. 어릴 때는 서해 바닷가에서 살다가 크면 먼바다로 나가. 몸 양쪽 가슴지느러미가 날개처럼 생겨서 바닷속을 너울너울 날갯짓하듯 헤엄쳐 다녀. 새끼나 다 큰 어른이나 자기보다 큰 물고기나 물체를 따라다니는 버릇이 있대. 가을이 되면 다시 서해 바닷가로 와서 겨울에 짝짓기를 하고 알을 낳아. 다른 물고기와 달리 암컷과 수컷이 서로 꼭 껴안고 짝짓기를 해. 그래서 꼭 껴안은 한 쌍을 한꺼번에 잡기도 한대. 다 큰 참홍어는 오징어, 새우, 게, 갯가재 따위를 잡아먹어.

홍어는 전라도에 있는 흑산도에서 많이 잡았어. 낚시로 잡지. 전라도에서 잔칫상에 안 빠지고 꼭 올라오는 물고기야. 빨갛게 무쳐 먹기도 하고 구워도 먹고 탕을 끓여 먹기도 하지. 하지만 삭힌 홍어를 가장 즐겨 먹어. 홍어를 삭히면 오줌 지린내가 나. 입에 넣고 오물거리면 톡 쏘는 맛이 나고 코가 뻥 뚫리지. 돼지고기와 김치와 함께 싸 먹기도 해.

분류 가오리과
학명 *Raja pulchra*
사는 곳 서해
먹이 오징어, 새우, 게, 갯가재 따위
몸길이 1m쯤
특징 삭혀서 먹는다.

참홍어는 얕은 바다 모래펄 바닥에 알을 낳아. 한 번에 너덧 개씩 여러 번 낳지. 알은 네모나고 모서리에 뾰족한 뿔이 났어. 1년 되면 폭이 12~16cm, 3년이 되면 27cm, 5년이 되면 37cm쯤 커.

홍어
사람들은 간재미라고 해. 참홍어와는 다른 종이야. 생김새는 참홍어와 닮았지만 몸이 훨씬 작아. 몸통에 둥근 반점이 마주 나 있어. 홍어 무리 가운데 가장 흔해.

황복
황복아지(북), 하돈

안녕, 나는 황복이야.
몸이 누렇다고 황복이지.
바다에서 살다가 진달래꽃 피면
알을 낳으러 강으로 올라와.

황복은 넓적한 이빨이 두 개씩 위아래로 났어. 꼭 토끼 이빨 같지. 이빨이 튼튼해서 딱딱한 참게도 썩둑썩둑 잘라 먹는대.

몸길이는 45cm쯤 돼. 몸통 가운데로 노란 띠무늬가 있어. 그 위쪽은 잿빛 밤색이고 아래쪽 배는 하얗지. 가슴지느러미 뒤쪽과 등지느러미 아래에는 까만 점무늬가 있어. 몸에는 비늘이 없고 등과 배에는 작은 가시들이 나 있어 까슬까슬해.

황복은 바다와 강을 오가며 사는 물고기야. 진달래꽃이 필 때쯤이면 강 위쪽까지 올라와 알을 낳아. 바닥에 모래와 자갈이 깔리고 물이 느릿느릿 흐르는 곳에 알을 낳지. 알 낳을 때가 되면 이빨을 갈아서 '국국 국국' 하고 돼지 소리처럼 울어. 이 소리가 나면 다른 물고기들은 죄다 싹 도망간다고 해. 알에서 깨어난 새끼는 두 달쯤 강에서 살다가 바다로 내려가지. 바다에서 삼 년쯤 살다가 다시 강으로 올라와. 황복은 물고기나 새우 따위를 잡아먹는데, 이빨이 튼튼해서 참게도 썩둑썩둑 잘라 먹는대. 성질이 사나워서 앞에 얼쩡거리는 것은 무엇이든 덥석덥석 문다지. 화가 나거나 누가 건드리면 배를 뽈록하게 부풀려서 몸이 풍선처럼 동그래져.

황복은 알과 간과 창자와 피 속에 독이 있어. 그냥 먹었다간 큰일 나. 함부로 먹지 말고 꼭 전문 요리사가 해 주는 요리를 먹어야 해. 회로도 먹고 매운탕을 끓이거나 튀겨 먹어. 고기 맛이 아주 좋아서 옛날부터 사람들이 즐겨 먹었어. 임진강, 한강, 만경강처럼 서해로 흐르는 강에서만 만날 수 있어. 임진강에서 많이 잡아.

분류 참복과
학명 *Takifugu obscurus*
사는 곳 서해
먹이 작은 물고기, 새우, 참게 따위
몸길이 45cm 안팎
특징 몸에 독이 있다.

황복은 바다에서 살다가 알을 낳으러 강을 거슬러 올라와.

가나다 찾아보기

가
가숭어 33
강준치 43
개숭어 ▶ 숭어 32
개우럭 ▶ 조피볼락 40
개장어 ▶ 갯장어 12
갯장어 12
게르치 ▶ 쥐노래미 44
곡우살조기 ▶ 참조기 48
광어 ▶ 넙치 16
귀상어 27
까치상어 14
꼬시래기 ▶ 문절망둑 22

나
나는망동어 ▶ 말뚝망둥어 20
나는문절이 ▶ 말뚝망둥어 20
낭태 ▶ 양태 34
넙치 16
노랑조기 ▶ 참조기 48
놀래미 ▶ 쥐노래미 44
누렁조기 ▶ 참조기 48
눈가오리 ▶ 참홍어 50

다
대두어 ▶ 문절망둑 22
돌삼치 ▶ 쥐노래미 44
동갈돗돔 18
두툽상어 15

마
말뚝고기 ▶ 말뚝망둥어 20
말뚝망둥어 20
망둥어 ▶ 문절망둑 22
모치 ▶ 숭어 32
문저리 ▶ 문절망둑 22
문절망둑 22
민애 ▶ 민어 24
민어 24
민태 25

바
백상아리 26
백상어 ▶ 백상아리 26
백어 ▶ 뱅어 28
뱅어 28
볭어 ▶ 병어 30
병단이 ▶ 병어 30
병어 30

보구치 49
보굴치 ▶ 민어 24
부세 49
붕장어 13

사
석반어 ▶ 쥐노래미 44
수조기 49
숭어 32
시어 ▶ 준치 42
실치 ▶ 뱅어 28

아
안경홍어 ▶ 참홍어 50
암치 ▶ 민어 24
양태 34
어름돔 19
어스래기 ▶ 민어 24
우럭 ▶ 조피볼락 40
우레기 ▶ 조피볼락 40
우여 ▶ 웅어 36
웅어 36
웅에 ▶ 웅어 36
위어 ▶ 웅어 36
은숭어 ▶ 숭어 32

이빨장어 ▶ 갯장어 12

자
잠퉁어 ▶ 짱뚱어 46
잠퉁이 ▶ 짱뚱어 46
장대 ▶ 양태 34
전애 ▶ 전어 38
전어 38
조피볼락 40
죽상어 ▶ 까치상어 14
준치 42
쥐노래미 44
진어 ▶ 준치 42
짧은수염도미 ▶ 동갈돗돔 18
짱뚱어 46
짱뚱어 ▶ 짱뚱어 46

차
차나리 ▶ 웅어 36
참장어 ▶ 갯장어 12
참조기 48
참홍어 50
청상아리 27

타
톱상어 15

파
풀망둑 23

하
하돈 ▶ 황복 52
홍어 51
황복 52
황복아지 ▶ 황복 52
황조기 ▶ 참조기 48
흰뺨상어 ▶ 백상아리 26

참고한 책

《한국동물도감 - 어류》 문교부, 1961
《바다이야기》 강명환, 과학지식보급출판사, 1963
《조선의 어류》 최여구, 과학원출판사, 1964
《한국어도보》 정문기, 일지사, 1977
《동물원색도감》 과학백과사전출판사, 1982
《한국민족문화대백과사전》 한국정신문화연구원, 1995
《조기에 관한 명상》 주강현, 한겨레신문사, 1998
《바닷가 생물》 백의인, 아카데미서적, 2001
《한국해산어류도감》 김용억, 한글, 2001
《한국해양생물사진도감》 박흥식 외, 풍등출판사, 2001
《우리바다 어류도감》 명정구, 다락원, 2002
《우리바다 해양생물》 제종길, 다른세상, 2002
《한국의 바닷물고기》 최윤 외, 교학사, 2002
《한국어류대도감》 김익수 외, 교학사, 2005
《조선동물지 어류편(1,2)》 과학기술출판사, 2006
《주강현의 관해기2 - 서쪽바다》 주강현, 웅진지식하우스, 2006
《현산어보를 찾아서(1~5)》 이태원, 청어람미디어, 2007
《내가 좋아하는 바다생물》 김웅서, 호박꽃, 2008
《세계의 바다와 해양생물》 김기태, 채륜, 2008
《바다생물 이름 풀이사전》 박수현, 지성사, 2008
《세밀화로 그린 보리 어린이 동물도감》 남상호 외, 보리, 2010
《인생이 허기질 때 바다로 가라》 한창훈, 문학동네, 2010

그림 조광현
그림을 그린 조광현 선생님은 1959년 대구에서 태어나 홍익대학교에서 서양화를 공부했어요. 선생님은 틈나는 대로 바닷속에 들어가 물고기 구경하기를 좋아해요. 바닷속 물고기들이 어떻게 생기고 어떻게 살아가는지 두 눈으로 봐 두었다가 그림을 그렸답니다. 《세밀화로 그린 보리 어린이 갯벌 도감》, 《갯벌, 무슨 일이 일어나고 있을까?》, 《야생동물 구조대》, 《우포늪의 생태》 같은 책에 그림을 그리셨습니다.

글 명정구
글을 쓴 명정구 선생님은 1955년 부산에서 태어났어요. 어릴 때부터 바닷가에서 물고기를 잡고 노는 개구쟁이였답니다. 어릴 때 꿈을 좇아 1975년 부산수산대학교에 들어가 바닷물고기를 공부했습니다. 지금도 한국해양연구원에서 우리 바다와 바닷물고기를 연구하고 계셔요. 《해양생물의 세계》, 《한국해산어류도감》, 《우리바다 어류도감》, 《푸른아이 연어》, 《연어가 자랐어》, 《바다목장 이야기》, 《꿈의 바다목장》 같은 책을 쓰셨답니다.